TRAITÉ

DES PARTICIPES

ET

DE L'ANALYSE

des Verbes;

Par Pierre-Camille D'OLIVIER.

Prix : 80 centimes.

Châlons,

IMPRIMERIE DE BONIEZ-LAMBERT.

1828.

TRAITÉ

DES PARTICIPES

ET

DE L'ANALYSE DES VERBES.

> Les difficultés grammaticales arrêtent quelquefois les plus grands esprits, et ne sont pas indignes de leur application.
> (Préf. du Dict. de l'Académie. Épig. de la Gramm. des Gramm.)

DU VERBE.

Le verbe est un mot qui sert à affirmer l'existence des *êtres* [1].

Nous n'avons à proprement parler qu'un seul verbe, c'est le verbe ÊTRE.

On peut affirmer l'*existence simple* ou l'*existence qualifiée*.

On affirme l'*existence simple*, quand on se sert du mot EXISTER, qui contient le verbe *être* et l'attribut *existant*, ou lorsqu'on se sert du verbe *être* sans attribut.

Dieu existe. — Dieu est.

---

[1] D'après notre définition du verbe, nous devrons considérer l'affirmation comme soumise à différentes modifications.

Elle peut être ABSOLUE ou INDICATIVE [cet homme est sage ; il n'est pas sage]. INDÉTERMINÉE, comme dans les phrases interrogatives [sera-t-il sage?]. CONDITIONNELLE [s'il était sage]. DÉPENDANTE ou SUBJONCTIVE [vous désirez qu'il soit sage]. IMPÉRATIVE [sois sage]. MM. DE PORT-ROYAL, DEMANDRE.

L'affirmation indicative peut seule, à proprement parler, porter le nom d'affirmation ; cependant comme la PROPOSITION est définie L'ÉNONCIATION D'UN JUGEMENT [MM. NOËL et CHAPSAL] et que le jugement suppose affirmation, nous considérerons l'affirmation dans tous les modes (excepté dans l'infinitif) et dans toutes les formes du verbe, afin de nous conformer entièrement aux principes généralement reçus,

On affirme l'*existence qualifiée* quand on emploie le verbe *être* avec un attribut autre qu'*existant*.

Dieu *est juste*. Louis XIV *protégeait* les arts (était *protégeant* les arts).

Tout mot composé du verbe *être* et d'un *attribut* ou *adjectif* prend le nom de VERBE ADJECTIF.

DU SUJET.

L'*être* dont on affirme l'existence s'appelle le SUJET du verbe.

Tout verbe doit avoir un SUJET, à moins qu'il ne soit employé à l'un des temps du mode infinitif, ce mode ne pouvant servir à signifier l'affirmation.

Les mots qui peuvent servir de *sujet* sont : le SUBSTANTIF, le PRONOM et le PRÉSENT du mode INFINITIF, qui équivaut toujours à un *substantif*.

CHARLES est roi, IL aime son peuple. MENTIR (pris pour LE MENSONGE) est honteux.

On trouve le *sujet* d'un verbe en plaçant avant ce verbe la question QUI EST-CE QUI? (pour les personnes) ou la question QU'EST-CE QUI? (pour les choses). Le mot qui vient en réponse est le *sujet*.

D. Qui est-ce qui est roi? — R. CHARLES.
D. Qui est-ce qui aime? — R. IL.
D. Qu'est-ce qui est honteux? — R. MENTIR.

DU RÉGIME.

L'*être* sur lequel retombe l'action de l'*attribut*, sans le secours d'une préposition, s'appelle le RÉGIME du verbe.

Alexandre chérissait EPHESTION.

Ce qui équivaut à *Alexandre était CHÉRISSANT EPHESTION*.

L'action de l'attribut *chérissant* retombe sur le mot EPHESTION, qui est le *régime* de *chérissait*.

3

Les mots qui peuvent se mettre en *régime* sont : le SUBS-TANTIF, le PRONOM et le PRÉSENT du mode INFINITIF.

Auguste récompensa VIRGILE. L'hypocrite SE cache, il veut TROMPER.

On trouve le *régime* d'un verbe en plaçant après ce verbe la question QUI? (pour les personnes) ou la question QUOI? (pour les choses). Le mot qui vient en réponse est le *régime*.

> D. Auguste récompensa QUI? — R. VIRGILE.
> D. L'hypocrite cache QUI? — R. SE (soi).
> D. Il veut QUOI? — R. TROMPER.

MOTS VERBAUX.

Le *participe passé variable* et le *participe passé invariable* seront appelés, d'un nom commun, *mots verbaux*.

DIVISION DES VERBES

ET DÉSIGNATION DE LEURS MOTS VERBAUX.

Il y a six espèces de verbes :

Le *verbe substantif*, les *verbes auxiliaires*, les *actifs simples*, les *neutres simples*, les *pronominaux* et les *impersonnels*.

VERBE SUBSTANTIF.

Le verbe *être* est appelé SUBSTANTIF, parce qu'il renferme en lui-même l'idée d'existence. Il est à proprement parler le seul verbe que nous ayons. Les autres mots que nous appelons verbes contiennent toujours le verbe *être* et un *attribut. J'aime* équivaut à *je suis aimant ; je chanterai* à *je serai chantant ; qu'il dormît* à *qu'il fût dormant.*

Ce verbe n'a jamais de régime.

MOT VERBAL.

Le VERBE SUBSTANTIF n'a que le PARTICIPE PASSÉ INVARIABLE.

VERBES AUXILIAIRES.

On appelle VERBES AUXILIAIRES le verbe *avoir* et le verbe *être*, lorsqu'ils servent à conjuguer les autres verbes dans les temps composés. *J'ai donné, je suis tombé.*

REMARQUE. En décomposant les phrases pour l'analyse, le verbe ÊTRE se remplace par le verbe AVOIR, excepté lorsqu'il sert à conjuguer un verbe neutre simple. Ces verbes, lorsqu'ils sont employés seuls, perdent leur qualité d'auxiliaires : ÊTRE devient substantif, et AVOIR devient actif.

MOT VERBAL.

Les verbes *auxiliaires* n'ont que le PARTICIPE PASSÉ INVARIABLE, qui s'emploie très-rarement.

VERBES ACTIFS SIMPLES.

Le VERBE ACTIF SIMPLE est celui qui a un *régime.* Ce *régime* ne représente pas le même être que le *sujet.*

EUGÉNIE aime sa MÈRE.

MOTS VERBAUX.

Les verbes *actifs simples* ont le PARTICIPE PASSÉ VARIABLE et le PARTICIPE PASSÉ INVARIABLE.

VERBES NEUTRES SIMPLES.

Le VERBE NEUTRE SIMPLE est celui qui n'a point de *régime.* Il est souvent accompagné d'une préposition exprimée ou sous-entendue, dont le *régime* ne représente pas le même être que le *sujet*.

Cet homme expire. *Il me* nuit *(il nuit à moi)*. Vous pensez *à vos parens*.

MOTS VERBAUX.

Les *verbes neutres* qui se conjuguent avec *avoir* n'ont que le PARTICIPE PASSÉ INVARIABLE.

Les *verbes neutres* qui se conjuguent avec *être* n'ont que le PARTICIPE PASSÉ VARIABLE.

VERBES PRONOMINAUX.

Les VERBES PRONOMINAUX sont ceux qui s'emploient avec deux pronoms, ou avec un nom et un pronom dont l'un sert de *sujet* au *verbe*, et l'autre de régime soit au verbe soit à une préposition sous-entendue. Ces deux mots représentent le même *être*.

Un *jeune homme se* DONNE du ridicule lorsqu'*il se* LIVRE à son amour-propre.

Les verbes *pronominaux* se divisent en *directs* et en *indirects*.

Les verbes *pronominaux indirects* se divisent eux-mêmes en *actifs pronominaux indirects* et en *neutres pronominaux*.

Parmi ces verbes les uns marquent *une action du sujet réfléchie sur lui-même;* les autres *une action que plusieurs êtres dirigent réciproquement les uns sur les autres;* et, enfin, d'autres sont de vrais *gallicismes*, et présentent par leur décomposition analytique un sens différent de celui que la construction usitée y attache.

VERBES PRONOMINAUX DIRECTS.

Les VERBES PRONOMINAUX DIRECTS sont ceux dont le *régime* représente le même être que le *sujet*.

Je me suis blessé *(j'*ai blessé *moi)*. *Tu te* souviens *(tu* souviens *toi)*. *Il se* plait à contredire *(il* plait *lui* à contredire). Cette *maison se* loue fort cher (cette *maison* loue *elle)*.

MOT VERBAL.

Les *verbes pronominaux directs* n'ont que le PARTICIPE PASSÉ VARIABLE.

VERBES PRONOMINAUX INDIRECTS.

Les VERBES PRONOMINAUX INDIRECTS sont ceux dont le *pronom-régime*, qui représente le même être que le sujet, s'offre non comme régime du verbe, mais comme régime d'une préposition sous-entendue, que l'on découvre par la décomposition analytique.

Tu te nuis (*tu* nuis à *toi*).

Le VERBE ACTIF PRONOMINAL INDIRECT est celui qui s'employant avec une préposition sous-entendue dont le régime représente le même être que le sujet, a en outre un régime qui lui appartient.

Je me suis coupé le *doigt* (j'ai coupé le *doigt* à moi).

MOTS VERBAUX.

Les *verbes actifs pronominaux indirects* ont le PARTICIPE PASSÉ INVARIABLE et le PARTICIPE PASSÉ VARIABLE.

Le VERBE NEUTRE PRONOMINAL est celui, qui s'employant avec une préposition sous-entendue dont le régime représente le même être que le sujet, n'a point de régime qui lui appartienne.

Que d'événemens *se sont* succédé depuis un siècle.

MOT VERBAL.

Les *verbes neutres pronominaux* n'ont que le PARTICIPE PASSÉ INVARIABLE.

VERBES IMPERSONNELS.

Le VERBE IMPERSONNEL est celui qui a pour *sujet* le mot vague IL, qui, dans ce cas, ne représente aucun être.

Il faut tout sacrifier à l'intérêt de la patrie.

MOT VERBAL.

Les verbes impersonnels n'ont que le participe passé invariable.

MOT VERBAL EMPLOYÉ SANS AUXILIAIRE.

Le *mot verbal* employé sans *auxiliaire* est toujours participe passé variable.

RÉCAPITULATION,

ou

RÈGLE UNIQUE DES PARTICIPES.

Les *verbes actifs simples* et les *verbes actifs pronominaux indirects* sont les seuls qui aient le *participe passé variable* et le *participe passé invariable.*

1. Si le *régime* de ces verbes est placé avant le *mot verbal*, ce mot verbal est *participe passé variable.*

Les *provinces qu'*Alexandre avait *conquises.*

2. Si le *régime* est placé après, le *mot verbal* est *participe passé invariable* (1).

Alexandre avait *conquis* des provinces.

3. Le *verbe substantif*.....		Ma sœur a *été* se promener.
4. Les *verbes auxiliaires*..	n'ont que	Dès que ma sœur a *eu* fini.
5. Les *verbes neutres* qui se conjuguent avec *avoir*...	le participe	Votre mère a *paru* très-indisposée contre vous.
6. Les *verbes neutres pronominaux*.............	passé invariable.	Ces hommes se sont *nui*.
7. Les *verbes impersonnels*.		Toutes les dépenses qu'il a *fallu* faire.

---

(1) Les verbes neutres qui se conjuguent avec *être* sont les seuls dont le participe s'accorde avec le *sujet*. Pour les autres verbes l'accord a toujours lieu avec le *régime*.

8

8. Les *verbes neutres* qui se conjuguent avec *être*......
9. Les *verbes pronominaux directs*....................
} n'ont que le participe passé variable. {
Vos sœurs sont *venues.*

Ces hommes se sont *bat—tus.*

OBSERVATIONS SUR CERTAINS CAS PARTICULIERS.

MOT VERBAL SUIVI D'UN INFINITIF.

10. Si le MOT verbal est suivi d'un *infinitif*, cet *infinitif* est intimement lié au *régime.*

11. Si en décomposant la phrase le *substantif* ou le *pronom* qui fait aussi partie du *régime* se place avant l'infinitif, le substantif est le régime dominant, et le MOT VERBAL est *participe passé variable.*

Les poissons que j'ai *vus* nager (j'ai vu les *poissons nager*, et non j'ai vu nager les *poissons*).

12. Si en décomposant la phrase l'*infinitif* se place avant le *substantif* ou le *pronom*, cet infinitif est le régime dominant, et le MOT VERBAL est *participe passé invariable.*

Les voleurs que j'ai *vu* pendre (j'ai vu *pendre* les *voleurs*, et non pas les *voleurs pendre*).

Par cette raison on écrira :

La femme que j'ai *vu* peindre (j'ai vu *peindre* la *femme*) si on la peignait. Et : La femme que j'ai *vue* peindre (j'ai vu la *femme peindre*) si elle peignait.

REMARQUE. On peut aussi changer l'infinitif en *participe présent* et placer le substantif avant ce *participe présent*. Si après ce changement la phrase conserve encore son sens, le mot verbal est *participe variable* : *les poissons que j'ai vus nager*, équivaut à *j'ai vu les poissons nageant.* Si elle perd son sens le mot verbal est *participe invariable* : *Les maisons que j'ai vu bâtir* n'équivaut pas à *j'ai vu les maisons bâtissant.*

MOT VERBAL PRÉCÉDÉ DU MOT EN.

13. Le mot EN influe sur le *mot verbal* si en le supprimant le *mot verbal* reste sans *régime.* Dans ce cas le *mot verbal* est *participe passé variable ;* mais l'accord devant

avoir lieu avec le mot invariable EN, qui est le *régime,* le *participe passé variable* reste au masculin singulier, qui est le caractère invariable de tout mot soumis aux genres et aux nombres.

Il y a eu des antropophages : nous *en avons trouvé* en Amérique (nous avons trouvé en Amérique).

Le mot TROUVÉ reste sans *régime* par la disparition de EN.

14. Le mot EN n'influe point sur le *mot verbal* si en le supprimant il reste encore un *régime* au *mot verbal.*

Les *injures* que j'en ai *reçues* (les injures que j'ai reçues).

Le mot QUE (employé pour *lesquelles injures*) sert toujours de *régime* à REÇUES, quoique EN ait disparu.

MOT VERBAL PRÉCÉDÉ DU PRONOM LE OU LA
SOUS LA FORME DE L'.

15. Si le mot L' ne peut pas se tourner par CELA, il est employé pour LUI, ELLE, et le *participe passé variable* s'accorde avec celui de ces deux mots que L' remplace.

Votre mère est ici , je *l'ai vue* (j'ai *vu elle,* et non pas j'ai *vu cela*).

16. Si le mot L' peut se tourner par CELA, le *participe passé variable* reste au masculin singulier parce qu'il doit subir l'accord avec un mot invariable.

Votre mère est malade, je ne *l'aurais pas cru* en la voyant (je n'aurais pas cru *cela* , et non : je n'aurais pas cru *elle*).

VALOIR ET COUTER.

17. VALOIR signifiant *être d'un certain prix,* et COÛTER signifiant *occasioner une dépense d'argent,* n'ont que le *participe passé invariable.*

Les cent pistoles que ces chevaux m'ont *coûté.*
Les cent francs que vos livres ont *valu.*

18. VALOIR et COÛTER sont soumis à la règle indiquée

pour les verbes actifs quand VALOIR signifie *procurer, rapporter;* et COÛTER, *exiger, occasioner, causer, donner*.

Que de peines vous m'avez *coûtées*. Les honneurs que m'a *valus* votre amitié.

~~~~~~

REMARQUES

RELATIVES ·A L'ANALYSE DES VERBES.

————————

19. Lorsqu'un verbe ordinairement employé comme actif est placé dans une phrase où il n'a pas de *régime*, il devient accidentellement *neutre*.

Les années finissent comme elles ont commencé.

20. Lorsqu'un verbe ordinairement employé comme *neutre* est placé dans une phrase où il a un *régime*, il devient accidentellement *actif*.

Les différentes langues que vous avez parlées.

21. REMARQUE. Cependant il arrive souvent que la préposition qui suit le verbe neutre est sous-entendue ; dans ce cas il faut attribuer le régime qui suit à cette préposition sous-entendue, et non au verbe.

Je viens vous voir (pour vous voir). Il a dormi trois heures (pendant trois heures). Il a travaillé huit jours (durant huit jours).

22. Un verbe *actif* peut avoir plusieurs mots pour *régime;* quelquefois même ce *régime* commence par un mot qui a la forme d'une préposition, mais qui n'est réellement qu'un mot euphonique ; alors on peut faire précéder le *régime* de ces mots : *ce que je vais dire*.

Il aime *à* parcourir les sombres forêts pendant la nuit. (Il aime *ce que je vais dire* : à parcourir les sombres forêts pendant la nuit.)
~~~~~~

GALLICISMES EMBARRASSANS

PRODUITS PAR L'EMPLOI DE *FAIRE*, DE *PARAITRE*
ET DE L'IMPERSONNEL.

23. Le verbe *faire* signifiant *occasioner* (en mauvaise part), et *procurer* (en bonne part), joint à un verbe neutre, forme un gallicisme qui équivaut à l'un des verbes *actifs* cités et à son *régime*.

Il a fait mourir ses parens, équivaut à il *a occasioné la mort* de ses parens.

Il a fait entrer ces dames, équivaut à il *a procuré l'entrée* à ces dames.

On ne doit envisager ici *mourir* et *entrer* que comme de véritables substantifs, après lesquels il existe une préposition sous-entendue.

24. *Paraître* est souvent suivi d'un infinitif sans préposition ; alors ce verbe équivaut à *avoir l'air de*, et l'infinitif est le régime de la préposition *de* sous-entendue.

Il paraît s'occuper sérieusement (c'est-à-dire) il *a l'air de* s'occuper sérieusement.

25. L'*impersonnel*, en outre du sujet vague IL, qui lui commande toujours sa personne et son nombre, peut avoir un autre sujet qui n'exerce aucune influence sur le verbe.

Il s'élève des difficultés. C'est-à-dire : il (des difficultés) s'élève.

~~~~~~

REMARQUE RELATIVE AU PARTICIPE PRÉSENT ET A L'ADJECTIF VERBAL.

Plusieurs Grammairiens désignent le *participe présent* sous le nom de *gérondif*; et l'*adjectif verbal* sous le nom de *participe actif*, quand il exprime un état, et sous celui d'*adjectif verbal* proprement dit, quand il exprime une qualité permanente. Comme le *participe présent* est toujours invariable, et que l'*adjectif verbal* s'accorde toujours avec le *substantif* auquel il se rapporte, nous ne formerons que deux classes, que nous désignerons collectivement sous le nom de *mots verbaux*.
~~~~~~

DU PARTICIPE PRÉSENT

ET DE L'ADJECTIF VERBAL.

Le *participe présent* contient l'idée de l'action comme les autres temps du verbe auquel il appartient ; il peut être construit avec ou sans la préposition EN.

On ne peut déplaire à l'honnête homme *en* lui *disant* la vérité.

Cette réflexion *embarrassant* notre homme.....

....Et c'est là que *fuyant* l'orgueil du diadême,

Lasse des vains honneurs, et me *cherchant* moi-même....

L'*adjectif verbal* contient l'idée d'une qualité permanente ou d'un simple état ; il s'accorde en genre et en nombre avec le substantif qu'il qualifie.

Cette femme est *obligeante*,

Elle est *compatissante*.

Voici les personnes *arrivantes*.

J'écris à vos frères *demeurants* à Paris.

MOYENS MÉCANIQUES

DE RECONNAITRE L'*ADJECTIF VERBAL* DU *PARTICIPE PRÉSENT*.

Toutes les fois que l'on peut faire précéder le *mot verbal* du mot *en* sans altérer le sens de la phrase, il est *participe présent*.

Le soleil *paraissant* et *disparaissant* nous procure le jour et la nuit.

Toutes les fois que le *mot verbal* est intimement lié à l'idée que doit présenter le *sujet* ou le *régime*, il est *adjectif verbal*.

Les *eaux dormantes* se corrompent souvent.

On peut dire :

Le soleil en *paraissant* et *disparaissant* nous procure le jour et la nuit.

Certains météores s'appellent *étoiles filantes*.

Eaux-dormantes et *étoiles-filantes* présentent des idées indivisibles.

Le *participe présent* peut avoir un *régime*.

L'*adjectif verbal* ne peut jamais avoir de *régime*.

J'ai trouvé votre sœur *lisant Virgile*.

J'ai trouvé votre sœur *lisante*.

L'*adjectif verbal* et le *participe présent* peuvent l'un et l'autre être suivis d'une préposition et de son régime.

Dans ce cas :

Si le *mot verbal* exprime un motif pour qu'une chose soit, ou un obstacle à ce qu'elle soit, il est *participe présent*.

Vos frères *demeurant* à Paris sont trop éloignés pour venir à la fête ; mais vos sœurs *demeurant* près d'ici pourront s'y trouver.

Si le *mot verbal* exprime qu'une chose existe sans autre modification que celle de la préposition et de son régime, il est *adjectif verbal*.

Je connais vos frères *demeurants* à Paris, et j'ai des relations avec vos sœurs *demeurantes* à la campagne.

Remarque. Ces moyens mécaniques tout exacts qu'ils sont ne peuvent pas, pour certaines phrases qui sont susceptibles de présenter deux sens très-différens, s'employer avant qu'on ne se soit fixé sur l'idée que l'on doit attacher à la phrase qui contient le mot verbal.

Racine a dit :

— N'est-ce pas à vos yeux un spectacle assez doux,
   Que la veuve d'Hector *pleurant* à vos genoux ?

—

— *Pleurante* après son char vous voulez qu'on me voie.

En exprimant des idées différentes, il pouvait dire :

— N'est-ce pas à vos yeux un spectacle assez doux,
   Que la veuve d'Hector *pleurante* à vos genoux ?

—

— *Pleurant* après son char vous voulez qu'on me voie.

Phrases dont on a analysé, dans le Tableau suivant, les verbes sur lesquels roulent les principales règles de ce Traité.

L'homme n'a (1) guère de maux que ceux qu'il s'est attirés (2) lui-même.

Tous les animaux qui ont existé (3) depuis la création du monde ont tiré (4) successivement de la surface du globe terrestre la matière de leurs corps; et lui ont rendu, à la mort, la substance qu'ils en avaient empruntée (5).

Superbes montagnes, qui vous a établies (6) sur vos fondemens? qui a élevé vos têtes jusqu'au—dessus des nues? qui vous a ornées de forêts verdoyantes?

Ces hommes durs et avares qui se sont fait (7) une loi d'être sourds à la voix du malheur, se sont rendus (8) méprisables, et se sont attiré l'indignation publique.

Les idées se conservent suivant l'ordre dans lequel elles se sont succédé (9).

La patrie qui nous a vus (10) naître, et que nous avons vu (11) saccager, a repris sous des lois sages, toute sa splendeur.

Alexandre a détruit plus de villes qu'il n'en a fondé (12).

Il a fallu (13) que cette fête fût plus brillante que nous ne l'avions pensé (14), puisqu'elle a fait (15) accourir beaucoup de monde.

Les consolations que votre frère a prétendu (16) que j'obtiendrais ont été (17) illusoires.

La raison nous est échue (18) en partage; mais combien de fois l'avons—nous employée (19) à contre-sens!

Considérez que de soins m'a coûtés (20) son éducation, et combien est faible la récompense que ces soins m'ont value (21).

Si les sommes énormes que vos équipages ont coûté (22) et qu'ils n'ont jamais valu (23) étaient dans les mains des pauvres, vous éprouveriez un bonheur qui ne vous est pas connu (24).

N.os DU TABLEAU	VERBES à ANALYSER.	CONJUGAISONS.	PERSONNES.	NOMBRES.	TEMPS.	MODES.	SUJETS.
1	a	3	3	s.	présent.	indicatif.	homme.
2	est attirés.	1	3	s.	prétérit indéfini.	id.	il (homme).
3	ont existé.	1	3	p.	id.	id.	qui (lesquels animaux).
4	ont tiré.	1	3	p.	id.	id.	animaux.
5	avaient empruntée	1	3	p.	plus que parfait.	id.	ils (animaux).
6	a établies.	2	3	s.	prétérit indéfini.	id.	qui? (quelle personne?)
7	sont fait.	4	3	p.	id.	id.	qui (lesquels hommes).
8	sont rendus.	4	3	p.	id.	id.	hommes.
9	sont succédé.	1	3	p.	id.	id.	elles (idées).
10	a vus.	3	3	s.	id.	id.	qui (laquelle patrie).
11	avons vu.	3	1	p.	id.	id.	nous.
12	a fondé.	1	3	s.	id.	id.	il (Alexandre).
13	a fallu.	3	3	s.	id.	id.	il (vague).
14	avions pensé.	1	1	p.	plus que parfait.	id.	nous.
15	a fait.	4	3	s.	prétérit indéfini.	id.	elle (fête).
16	a prétendu	4	3	s.	id.	id.	frère.
17	ont été.	4	3	p.	id.	id.	consolations.
18	est échue.	3	3	s.	id.	id.	raison.
19	avons employée.	1	1	p.	id.	id.	nous.
20	a coûtés.	1	3	s.	id.	id.	éducation.
21	ont value.	3	3	p.	id.	id.	soins.
22	ont coûté.	1	3	p.	id.	id.	équipages.
23	ont valu.	3	3	p.	id.	id.	ils (équipages).
24	connu.	4	»	s.	mot verbal employé sans auxiliaire.		

N.os DU TABLEAU	RÉGIMES.	PRÉPOSITIONS dont LE RÉGIME représente le même ÊTRE que le sujet du verbe.	NATURE des VERBES.	DÉSIGNATION des MOTS VERBAUX.	N.os relatifs aux mots verbaux.	N.os relatifs aux observations.
1	maux.		actif simple.		»	»
2	qu' (lesquels maux).	s' (à lui, homme).	act. pron. ind.	part. passé var.	1	»
3			neutre simple.	part. passé inv.	5	»
4	matière.		actif simple.	idem.	2	»
5	qu' (laquelle substance).		idem.	part. passé var.	1	14
6	vous (montagnes).		idem.	idem.	1	»
7	loi.	se (à eux, hommes).	act. pron. ind.	part. passé inv.	2	»
8	se (eux, hommes).		pron. direct.	part. passé var.	9	»
9		se (à elles, idées).	neutre pron.	part. passé inv.	6	»
10	nous naître.		actif simple.	part. passé var.	1	11
11	saccager que (laquelle patrie).		idem.	part. passé inv.	2	12
12	en (de villes).		idem.	part. p. var. inv.	1	13
13	que cette fête, etc.		impersonnel.	part. passé inv.	7	22
14	l' (cela).		actif simple.	part. p. var. inv.	1	16
15	accourir (substantif).		idem.	part. passé inv.	2	23
16	que j'obtiendrais que (lesquelles)		idem.	idem.	2	22
17			substantif.	idem.	3	»
18			neutre simple.	part. passé var.	8	»
19	l' (elle, raison).		actif simple.	idem.	1	15
20	soins.		idem.	idem.	1	18
21	que (laquelle récompense).		idem.	idem.	1	18
22	(*)		neut. simp. (*)	part. inv. (a).	»	17
23	(*)		idem (*).	idem (a).	»	17
24				part. passé var.	»	»

(*) Je me suis conformé à l'opinion de la plupart des grammairiens pour l'analyse de ces deux verbes; cependant je ne pense pas qu'on puisse trouver de différence quant à leur nature dans ces phrases : les mille francs que ces chevaux ont coûté; les peines que vous avez coûtées; les mille francs que votre maison a valu; les honneurs que votre amitié m'a valus.

(a) M. LEMARE dans la dernière édition de sa grammaire regarde ces verbes comme actifs (sauf le cas où ils deviennent accidentellement neutres) et, dès lors, autorise leur accord. (Voyez Récapitulation, n.os 1 et 2.)

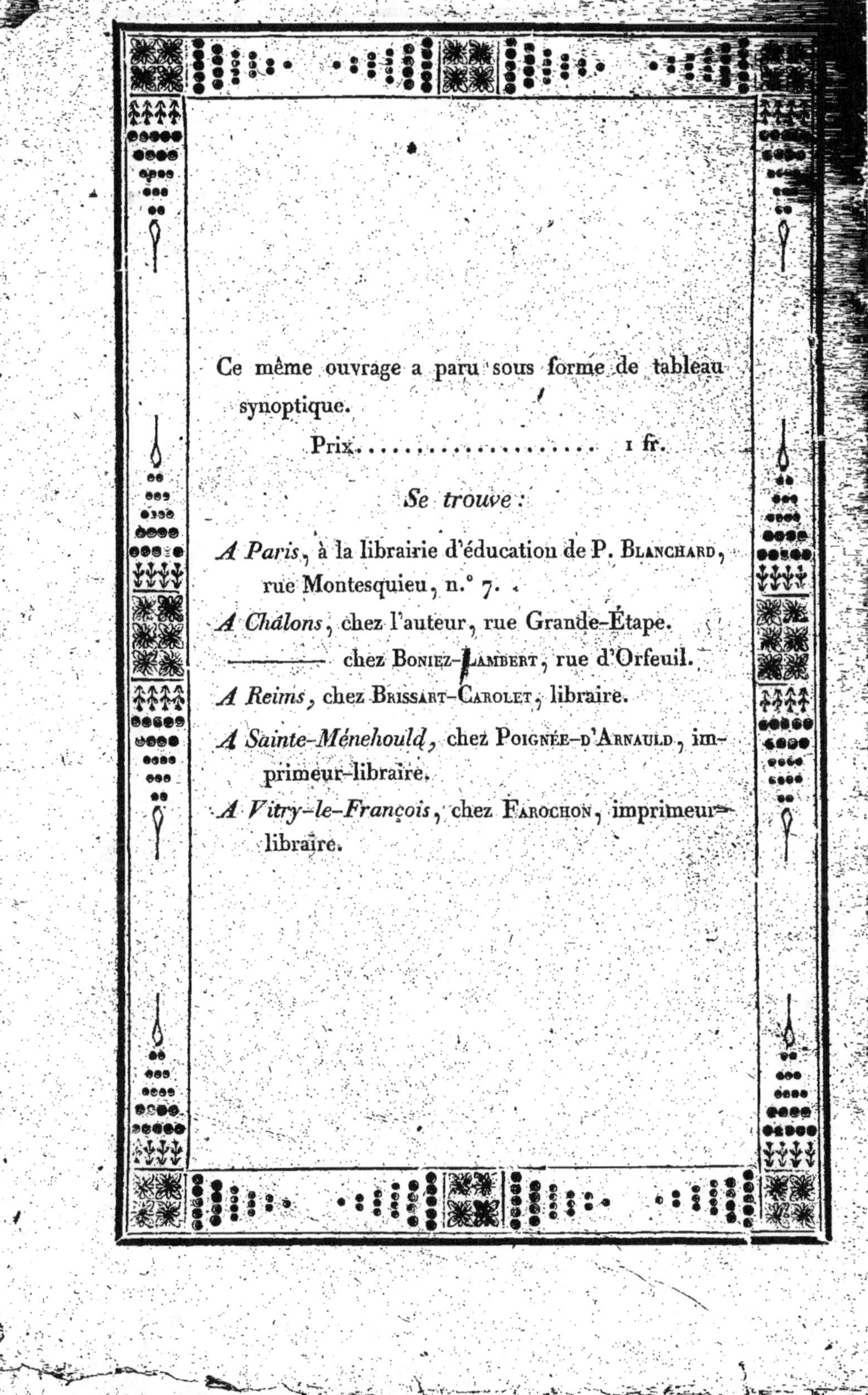

Ce même ouvrage a paru sous forme de tableau synoptique.

Prix...................... 1 fr.

Se trouve :

A Paris, à la librairie d'éducation de P. Blanchard, rue Montesquieu, n.° 7.

A Châlons, chez l'auteur, rue Grande-Étape.

———— chez Boniez-Lambert, rue d'Orfeuil.

A Reims, chez Brissart-Carolet, libraire.

A Sainte-Ménehould, chez Poignée-d'Arnauld, imprimeur-libraire.

A Vitry-le-François, chez Farochon, imprimeur-libraire.